나비가 남긴 밥을 먹다

시에시선 **047**

나비가 남긴 밥을 먹다

김남권 시집

詩와에세이

시인의 말

나비들이 모두 잠든 밤이 되면
나는 밤하늘의 별을 오래 바라본다
이 땅의 모든 어머니는 죽어서 모두
나비가 된다는데
이 땅의 모든 아버지는 죽어서 모두
별이 되는 것일까
그리우면 나비가 되는 것일까
사랑하면 별이 되는 것일까
어느 날 밤 내가 올려다본 하늘 가득
하얗게 날아오르던 나비 떼가
별 속으로 사라지는 걸 보았다
그날 이후로 나는 꿈을 꾸지 못하고 있다
이 시집 속을 날고 있는 나비가
별의 이정표를 알려줄 것이다

2021년 여름
김남권

차례_

시인의 말 · 05

제1부

낮달 · 13
화엄경을 읽다 · 14
내 사랑의 좌표 · 16
제비꽃 환생 · 18
11월의 만우절(滿雨絶) · 20
꽃별 지다 · 22
코로나 순례자들 · 24
별의 부고 · 26
별의 언덕 · 28
아리 별 · 30
자목련 · 32
엉덩이 좀 들어 봐 · 33
페이스메이커 · 34
영변 가는 길 · 36
아우~ · 38
별의 안부를 묻다 · 40
아득한 일몰 · 41

제2부

명동블루스 · 45
기생충 · 46
바람이 읽은 시 · 48
염낭거미 · 50
비와 별 사이 · 52
수련 나비 · 54
나비 냄새 · 55
청량리역에서 이별하는 사람들 · 56
나비가 남긴 밥을 먹다 · 58
저녁이 운다 · 60
기차가 울면 아버지가 돌아온다 · 62
나의 사월에게 · 64
고철이 고철에게 · 66
별 점 · 68
관(棺) · 69

제3부

나도 · 73
천칭 · 74
엄마의 바다 · 76
서울 지하철 · 78
뜨거운 물 · 80
혼자 먹는 밥 · 83
알음앓이 · 84
사랑꽃 · 86
고려장 · 88
겨울 장마 · 90
홀로 남은 등 · 92
쭉정이에게 · 94
별이 죽었다 · 96
화전(火田) 아리랑 · 98
나비 박쥐 · 100
청제비나비 · 102
나비 무덤을 열고 · 104

제4부

비 오는 날엔 · 107
배추흰나비의 여행 · 108
나비와 개망초 · 110
동대문구 5-050 손순희 · 112
내 무덤 · 114
달빛 호접란 · 115
파란 흉터 · 116
둥지를 놓다 · 118
비꽃 · 120
그해 봄 광나루에선 · 122
시를 팔아 너를 살까 · 124
하늘 가는 날 · 126
장평 가는 길 · 128
고목나무의 생각 · 130
천마총 · 132
묵호 · 134

시인의 산문 · 137

제1부

낮달

어미 잃은
새끼에게 젖을 물리려고
낮달은 뜬다
퉁퉁 불은 젖을 어쩌지 못해
몸살 난 달빛,
눈물이 그렁그렁한 채
새끼들 내려다보다
따스한 입김 한 번 후, 불어
새끼들 주둥이를 녹인다
어찌 알았을까
어미 입 냄새를……
새끼들 낑낑거리며 앞발로
공중 빈 곳을 찾는데,
텅 빈 젖꼭지에 반달이 물컹,

화엄경을 읽다

돌아서서 가는 그 사람의 등을 보았다

입술의 무늬보다
눈동자의 무늬보다
더 따뜻한 이야기가 쏟아져 나오고 있었다
완만한 경사로 굽이쳐 내려오는 어깨의 능선 아래로
세월의 무게가 구름처럼 걸려 있었다

경추를 지나 요추로 향하는 갈비뼈를 덮고 있는
단단하게 굽은
날개와 날개 사이로 오랫동안
참아온 슬픔이 눈처럼 덮여 있었다

살아오는 동안 수없이 정면으로 마주칠 때는
한 번도 볼 수 없었던 사연들이
어느 날 나를 돌아서 가는 겨울처럼
쓸쓸한 뒷모습을 보다가 알게 되었다

그 허전한 등에 새겨진 팔만대장경의 무늬를,
말보다 깊은 경전을 혼자 써 내려가느라
다 닳아진 어깨를,

이순의 강을 혼자 건너오느라
툭, 툭, 불거진 울음주머니가
갈비뼈 마디마다
무디어가는 봉분처럼 숨어 있었다는 것을,

고요하게 들썩이며 잠든
그 사람의 등을 한 번 만져 보아라
법정 스님의 법문보다 더 깊은
화엄의 무늬가 보일 것이다

내 사랑의 좌표

사랑하는 사람의 심장 소리에만 반응한다는
나침반을 준비해놓고
내가 가야 할 길을 찾아보려고 했다
아니 누군가 오고 있다는 길목을 찾아가려고 했다

바늘이 움직이는 방향으로 물이 흐르고
바늘이 움직이는 방향으로 바람이 불어왔다
발자국이 머무는 곳마다
체온의 흔적이 새겨졌다

얼마나 오래되었는지 모르겠지만
나침반의 바늘은 늘 한곳을 향해서 떨렸다
한곳으로부터 오는 사람을 기다렸다

등고선이 가까워질수록 심장은 더 뜨겁게 뛰었다
등고선이 멀어질수록 주파수는 더 빠르게 흔들렸다
사랑하는 사람은 아주 오래전 지도의
저편에서 출발해 단풍의 저편으로 건너왔다

사람의 정이 끊어진 강줄기를 지나
달의 부족들이 밤마다 축제를 벌인다는
무인도에서 마지막 등대지기가 불러주는
노을의 GPS를 찾으러 길을 떠나야겠다

제비꽃 환생

내가 만약 세상에 다시 올 수 있다면
키 작은 제비꽃으로 피어나고 싶다
이른 봄 땅 위의 가장 낮은 보랏빛 눈물로 깨어나
모든 사람이 무릎 꿇고 눈 맞추는
우주의 심장이 되고 싶다
그리고 또다시 한 생이 주어진다면
같은 자리 같은 땅 위에 흰 제비꽃으로 피어나
여왕이 거느리는 하나의 왕국에 다섯 개의 부족 중
일원이 되어 세상을 온통 제비꽃으로
정복하고 말리라
숟가락 하나에도 하늘을 담을 수 있다는데
키가 작다고 별이 될 수 없을까
내 다시 태어난다면
월정사 가는 길 양지바른 언덕 아래
키 작은 제비꽃으로 피어나
강남 갔던 제비가 돌아오듯
높은 창공 한 모금 들이마시고
그리운 이 오시는 길목,

까치발 들고 마중 나가리라
사람으로 더는 만날 수 없었던 세상의 그 인연,
우주의 눈물 되어 피어나리라

11월의 만우절(滿雨絶)

단풍 든 낙엽을 데리고, 11월의 폭우가 쏟아졌다
검은 아스팔트가 나무의 피로 붉게 물든 채
물길을 내며 흘러가는 동안
빗소리에 딸려온 비둘기 한 마리 묵언 조문을 올린다
누군가는 저 폭우를 틈 타 하늘로 올라갈 것이다
땅 위의 소리란 소리는 모두 태왁에 담아 밀봉한 채
수억만 년 흘러온 물길을 거슬러 오를 것이다
일곱 살 무렵 아버지의 주머니에서 몰래 훔친 삼십 원이 발각되어
발가벗긴 채 마당에 내쫓겨 따갑게 쏟아지는
빗줄기를 맞으며 울음을 삼켰던 그날처럼,
옷 한 벌 입지 않은 목련나무 가지에 압정 같은 비가 쏟아진다
구름을 가불한 적 없는데, 머리를 조아리며 다가와
순진한 척 허리춤 뒤로 옷고름을 풀며
제 몸의 아랫것을 마음껏 쏟아놓고는
아무 일도 없었다는 듯 뻔뻔하게 엉덩이를 보여주는
저 여자를 뭐라고 불러야 하나

달의 각도가 기울고 물길이 바뀌었다
천둥번개도 없는 11월 중순의 폭우라니,
스파이 같은 여자의 눈웃음에 속아 전 재산을 날린
어느 남자의 족보가 세탁되고 있다

꽃별 지다

한 사내가 죽었다
종각역 4번 출구 제야의 종소리가 울려 퍼지는
보신각 뒷골목에서 가로 육십 센티
세로 백육십 센티 빈 박스 속에서 마른 새우처럼,
최초로 엄마의 바다를 헤엄칠 때처럼,
잔뜩 웅크린 채 굳어 있었다
수많은 사람들이 무심하게 그 앞을 지나갔지만
아무도 그를 조문하지 않았다
또 다른 노숙자가 다가와 그의 안부를 물었고
곧이어 구급차가 나타나 그를 싣고 갔다
아무도 울지 않았고
아무도 놀라지 않았다
내가 삼십 년 전 종묘광장 벤치 위에서 잠을 청하고
서울역과 청계천 빌딩 숲 사이를 정처 없이 떠돌던
순간에도, 달방호의 차가운 물길 속을 걸어 들어가던
순간에도 그랬다
한 사람의 일생이 이렇게 저물어가도 되는 것일까?
조문도 없는 길 위에서 작은 우주 하나가 소멸하고

다시 새벽이 왔다
별 하나가 잠들지 않고 나를 따라왔다

코로나 순례자들

조선의 오백 년 도읍지 서울의 지하를 따라
성지순례가 시작되었다
산티아고 길을 지나온 순례자들이
마스크를 쓰고 침묵의 가방을 멘 채
아브라함은 이삭을 낳고 이삭은 야곱을
낳고 야곱은 유다를 낳고,
10〉9〉8〉7〉6〉5〉4〉3〉2〉1
소돔과 고모라의 지하 유적지를
철불(鐵佛)을 타고 순례를 마친 부족들이
예수와 부처가 매달려 있는 지상으로
올라와 검은 아스팔트 위를 걷고
검은 강물 위를 걷고
검은 하늘 위를 걷는다
이천 년 전 바다를 갈랐다는 모세라는
남자의 기적은 이미 오래된 이야기다
더 위대한 기적이 매일 지하에서 일어나고
더 어마어마한 사건이 매일 땅 위의 검은
숲에서 쏟아지고 있다

이제 더 이상 아무도 길을 묻지 않는다
모두 같은 곳을 향해 걷다가
모두 뿔뿔이 흩어져 어디론가 사라진다
모두 마지막으로 발걸음을 멈춘 그곳에는
어둠을 디자인하고 남은 발자국만
두 눈을 부릅뜬 채 누워 있다

별의 부고

별 볼일이 없어서 별을 팔았다
별의 별 소문이 나돌았고
나는 인류 역사를 통틀어 최초로 별을 팔아먹은
별종이 되었다
그리고 별별 인간들이 나를 찾아와
별의 주소를 아느냐고 물었다
기가 막혔다
아니 별이 막혔다
내가 팔아먹은 별의 주소까지 알아야 하느냐고
따졌다
별 볼일 없는 사람이 나를 쳐다보며 지나갔다
별 희한한 놈 다 보겠다는 눈빛으로
나를 능멸하고 지나간 여자는
그날 밤 꿈에 나타나 나에게 별을 사겠느냐고
물었다
별 미친년 다 보겠다고 소리치다가 깼다
그날 아침 마당 가득 별이 떨어져 죽어 있었다
나는 별의 심장에 인공호흡을 하다

숨이 멎었다
그날 자정 무렵, 별의 어머니가 나를 찾아왔다

별의 언덕

그곳에서 너를 마지막으로 기다릴게
지금까지 그 언덕을 넘은 수많은 사람들의
얼굴이 보름달이 떠오르듯 떠오르고
신들의 언덕 너머에서
강을 건너오는 발걸음 소리가 들려오면
느티나무 뒤로 몸을 숨겨
너를 바라볼게
강물 위를 건너와도 좋고
구름 위를 건너와도 좋고
바람 속을 걸어와도 좋은
그곳에서 너를 마지막으로 기다릴게
지금까지 그 심장을 지나간 수많은 사람들의 손길이
그믐달이 떠오르듯 떠오르고
별들의 무지개 너머에서 물안개 속을 건너오는
숨소리가 들려오면 꽃그늘 뒤로 몸을 숨겨
너를 그리워할게
둘만의 체온을 기억해도 좋고
둘만의 숨결을 흐느껴도 좋고

둘만의 심장을 불태워도 좋은
그곳에서 너를 마지막으로 기다릴게
내 사랑의 종소리가 울릴 때까지

아리 별

별의 이마를 짚으려고 아우라지에 갔다
수백 년 전 홍수가 나던 날 밤,
별을 모조리 싣고 서울로 떠나가 돌아오지 않는다는
뗏꾼 총각을 기다리던 아우라지 처녀는
세 번을 환생해 뱃사공이 되었다고 한다

초승달이 뜨는 밤, 나루터에 나와 앉아
목 놓아 별을 부르던 등이 푸른 물고기
한 마리, 배를 뒤집으며 강물 위로 떠올라
아리, 아리, 아리, 알아들을 수 없는 이름을 부르며
눈을 감았다고 한다

1983년 어느 날 한마디 말도 없이
구름처럼 사라져 돌아오지 않는다는
그 여자를 닮은 아우라지 처녀,
여강정 앞에서 울고 있었다

수백 년을 이곳에 서 있었는데

수십 년을 한자리에서 숨도 크게 쉬지 않고 서 있었는데,
 뗏목을 타고 떠난 총각도
 구름을 타고 떠난 처녀도 돌아오지 않았다

 백로가 저문 강물 속으로 사라지고
 초승달을 따라온 빈 배 가득 눈물이
 끌려나왔다

 심지보다 먼저 몸을 태운 촛불이 타는 소리
 아리, 아리, 아리,
 숨이 막혀왔다

자목련

가지 끝마다 피어난 붉은 통증이다
멀리 보낸 사람을 어쩌지 못해 백 일 밤낮
가슴 졸이다 심장이 터진 파열음이다
삼월의 바람이 별빛 다리를 건너올 때
말없이 마중 나가 삐죽삐죽 입술을 내밀고
사랑한다는 말 한마디씩 들을 때마다
잇속을 드러내며 톡, 톡, 톡 하늘에 입 맞추는 검붉은
입술,
　강물 속이 궁금해 꽃잎 도시락 들고
어린 물고기와 소풍을 떠나는 것이다
계절이 저물 때까지 꽃봉오리마다 반짝이는
아이들의 웃음소리를 진공 포장하여
짝사랑에 울다 지친 어느 여인의 치마폭에 내려놓고
손잡아주는 것이다
그리고 새벽이 올 때까지 오래된 쌍꺼풀을 지우며
처음이자 마지막으로 공손히 무릎 꿇고
참 오랫동안 '너를 사랑했다'고
마지막 눈물을 흘리는 것이다

엉덩이 좀 들어 봐

호거산을 울리는 운문사 소 울음 들으러 간다
십수 년 생을 다해 살과 뼈는 인간에게 나눠주고
가죽은 둥 둥 둥 우주를 울리는 소리 되어
새벽을 깨우고 있다
숲은 물로 가득했다
발자국이 울릴 때마다 숲은 몸을 뒤틀었고
계곡에 물이 넘쳐흘러 눈부신 자태가 드러났다
허겁지겁 입을 대고 물을 마셨다
생전 처음 맛보는 하늘의 물맛이었다
나무들이 일제히 일어났다
11월의 대나무숲처럼 위대하게 눈을 뜬
대지의 유두가 입을 찾고 있었다
둥 둥 둥 둥 둥 둥
불알(佛謁)이 없는 소가 울었다
팬티가 내려졌다

페이스메이커

육십 평생을 눈 뜨고 살아왔는데
앞이 보이지 않는다
지금 생각해보니 아버지도 그랬던 것 같다
환갑을 며칠 앞두고 위장 속에
가득 쌓인 슬픔을 죽이려고
살충제를 쏟아부을 때까지,
아무도 손잡아주지 않았고
아무도 소리쳐주지 않았다
지팡이도 없고 점자도 없는 길을
홀로 걸어오느라 지친 어깨를
한순간 내려놓을 수밖에 없었던
수인리의 그 산골짝은 지금 아무도 없다
나는 아버지가 가르쳐주지 않은 길을
나 혼자 걸어가느라 참 많이도 부딪쳤다
잔돌 부리에도 걸려 넘어지고
전봇대에도 부딪쳐 이마가 깨지는 날이 허다했다
한 길도 안 되는 얕은 물속에 빠져 허우적거리느라
나는 결국 내가 안내해야 할 나의 분신도

만들지 못했다
아, 바람도 가을이 되면
저 홀로 여문다는데
나는 육십 평생 아무도 손잡아주지 않는
아무도 말 걸어주지 않는 길 위에 빈 점 하나만
찍으려고 살아남았나 보다

영변 가는 길

천 리 길을 걸어서라도 나는 영변에 가야 한다
김소월이 그래서가 아니라 아버지가
태어나면서부터 보았다는 앞산의 붉게 타오르던
진달래 꽃잎마다 새겨지던 당신의 어머니
그 고운 입술의 지문을 만나러 그곳에 가야 한다
어린 아버지가 젊은 어머니의 손을 잡고
석 달 동안 걸어서 내려왔던 그 길을,
북극성에 가까워지는 시간의 궤적을 따라가며
당신의 별빛이 인도하는 대로
철원에서 개성을 지나고 해주를 지나고
사리원 평양을 지나고 정주를 지나는 동안
등에 업혀서 칭얼거리고 있는 한 번도 만난 적 없는
남용이 얼굴도 보고,
당신의 어머니가 남쪽의 어느 마을에서
싸립문에 흰 눈이 쌓이기 시작하는 계절이 오면
  양식으로 빚어놓으시던 만두를 싸들고 북으로 북으로
가야 한다
  가는 길에 나타샤를 흠모했던 백석도 만나고 민주주의

프롤레타리아를 외치다 처형당한 임화도 만나고,
부산에서 목포에서 압록강을 건너고 두만강을 건너
유라시아로 가는 저 철길을 따라 칠십 년 묵은 그리움
풀어내려면 눈 뜨자마자 북으로 북으로 가야 한다
천 리라도 삼천 리라도 가야 한다
우우, 우우 어미 소가 송아지를 찾는 저녁이 올 때까지
걸어서 걸어서 나는
진달래꽃 피는 영변에 가야 한다

아우~

그해 여름 8월의 마지막 밤,
바람이 물을 먹었다
세상의 슬픈 것들은 모두 바람 속에서
마지막 잠이 들고 바다가 보이는
바람의 언덕 위에서 달을 삼킨다
달의 심장에서 깨어난 여자가
바다를 끌어당기는 동안,
수백 년을 바다의 바닥을 향해 뿌리를
뻗어온 전나무에 유두가
솟아나고 배고픈 하늘에는 별이 돋아났다
언제부터였던가 돌아갈 곳이 없어서
떠나온 곳을 잃어버린 늑대 한 마리 밤마다
숨겨놓았던 울음을 삼키며 별이 떠나간
언덕 너머로 섬을 끌고 왔다
오죽하면 섬이 8월의 마지막 날,
바람의 슬픔을 물고 바다를 떠나왔을까
오죽하면 섬이
천치처럼, 별을 부르고

천치처럼 달을 끌어안았을까
새벽이 오지 않을 그 밤 가득
등 푸른 늑대의 고독한 울음소리만
속이 빈 전나무의 나이테 속으로
걸어 들어갔다

별의 안부를 묻다

나는 한 번도 별이 뜨는 걸 본 적 없다
별이 지는 걸 보는 건 아주 오래되었지만
뜨는 걸 본 적은 한 번도 없다
별의 주소도 모르고
별의 가족도 모른다
이젠 더 이상 별이 지는 것도 못 보겠다
별의 나이도 묻지 않기로 했다
이미 별의 심장이 되어 나를 점령한 너를
바라보는 일만으로도 나는
숨이 막힌다
그저 별의 그림자만 따라가기로 했다
별이 바람에 스치는 소리에 귀 기울이며
별이 된 너의 안부를 묻기로 했다
이 밤이 지고 나면 네가 숨 쉬던 자리에
별꽃 한 송이 피어나
바람마저 붉게 물들이겠다

아득한 일몰

가을비가 거리의 눈을 감기며 오고 있었다
자정이 지난 무렵이었다
가로등의 옆구리에서
붉은 수액이 흘러내리고 있었다
빗물의 통증이 발가락으로 들어왔다
전류가 흐르는 도로 한가운데
미심쩍은 별의 그림자가 흩어졌고
시간을 재촉하던 초록의 등대 불빛도
눈을 감았다
무심한 거리엔, X맨이라 불리던 남자가
빈 리어카만 남겨둔 채 빗물 속으로
사라졌다
새벽이었지만 거리는 온통 붉은
암페어가 흐르고 있었다
아득하게 핏물이 쏟아지고 있었다

제2부

명동블루스

나는 오늘 명동에 간다
쉘부르가 있고 데아뜨르 추가 있는
명동성당 종소리를 따라 갑자기 명동으로 간다
남산을 내려온 사람들과 남대문시장에서
흥이 오른 사람들이 뜨거운 입김을 내뿜으며
계절의 구름이 되는 곳
미도파 앞길을 건너 먹자골목으로 모여드는
사람들을 따라 들어간 전집에서
어깨를 흐느적거리며 잔술을 기울인다
거리에는 캐롤이 울려 퍼지고
영화의 한 장면처럼 첫사랑을 시작한 사람들이
설레는 눈빛을 주고받으며 명동 골목을 걸어간다
어깨를 부딪쳐도 아무렇지 않은 눈웃음이
네온사인 불빛 속으로 사라지고
목마와 숙녀가 졸고 있는 빌딩 사이로
첫 눈이 내린다
서울역 시계탑은 멈춘 지 오래다

기생충

동서울터미널 승강장에 닭둘기 세 마리
내 꽁무니를 강아지처럼 따라온다
날아가는 법을 잃어버리고 자발적 고립을 선택한 지 오래된 짐승,
힘들게 날갯짓을 하지 않아도 먹이가 지천으로 상납된다
오래 날지 않아도 되고
높이 날지 않아도 되고
사냥을 하지 않아도 집사들이 하루종일
먹이를 조달해준다
집사가 나타날 때마다 꽁무니를 졸졸졸 따라가주는 시늉만 하면,
먹이는 넘쳐난다
살아서 꿈틀거리는 벌레를 먹지 않아도
빵과 과자와 잘 익은 고기가 눈앞에 진상된다
나이 어린 집사가 나타나 몇 발짝 따라오면
그저 마지못해 날아주는 시늉만 몇 번 하면
저절로 박수 소리가 들린다

끼니때가 아니어도 먹을 것이 넘쳐난다
비둘기로 태어났지만 점점 닭이 되어가고 있다
죽어서 아버지 볼 일이 걱정이다

바람이 읽은 시

이디야 정원에 앉아 시집을 읽는다
한참을 앉아 읽다가 잠시 눈을 감고 그림 하나를
그리고 있는데,
갑자기 새털 바람이 불어와 사르륵,
시집을 넘긴다

바람이 읽어주는 시낭송에 귀 기울이고 있던
이팝나무 꽃잎, 떨리는 목소리로
새하얀 이를 드러내며 화사하게 웃고
철쭉들 일제히 보조개를 붉히며 몸을 비틀었다

한 장, 두 장, 세 장……
지나간 시가 더 좋았는지 다시 한 장 뒤로
시집을 넘기고

"그러나 누가 말할 수 있으리.
마침내 고요히 올라앉은 滿開, 만 개의 캄캄한 문, 만 번은 또 무너지며 신음하며 열어제쳤겠다 악의 꽃, 저 길의"

  바람은 멎었다
  숨도 멎었다
  연둣빛 경전 하나, 바람 속에서 불타는 중이다

*문인수「가시연꽃」중에서

염낭거미

염낭거미가 생애 최초이자 최후의 집을 짓는다
죽을 날을 받아놓은 어머니가 목수에게 관을 주문하듯
촘촘하고 세심하게 염낭을 짓는다
집을 다 지으면 몇 날 며칠 집 밖으로 나오지도 않고
먹이 사냥도 하지 않은 채,
염낭 속에서 알을 낳고 새끼가 부화할 때까지
먹지도 않고 잠도 자지 않는다
그렇게 새끼들이 태어나면 염낭거미는
젖꼭지가 없는 맨가슴을 원망하며
새끼들의 입을 하나 둘 셋 넷 다섯,
차례로 자신의 가슴에 꽂는다
그렇게 가슴에서 수액이 다 빠져나갈 때까지 꼼짝도 하지 않는다
새끼들은 살이 붙어서 염낭을 떠날 때 뒤도 돌아보지 않는다
다시 돌아오지 않을 것처럼, 문을 열고 나간다
더듬더듬 여덟 개의 다리로 허공을 건너
마지막 새끼가 염낭을 떠나는 순간

염낭거미는
내 어머니가 그랬던 것처럼 텅 빈 몸뚱이로
관속에 누워 눈을 감는다
풀잎이 흔들리고 젖꼭지가 없는 나비의 조문이 시작된
다

비와 별 사이

새벽 빗소리에 잠을 깼다
비와 비 사이에 내가 있었다
까마득한 곳에서 나를 찾아와 밤새 울었는지
눈이 퉁퉁 부은 채로 창문 밖에서 나를 찾았다
하늘의 시간을 빌려서 왔는데
어떻게 잠만 잘 수 있냐고 원망의 눈초리를 보냈다
시간이 멈춘 듯했다
캄캄한 어둠 속에서 실오라기 하나 걸치지 않고
맨몸으로 울고 있는 너는
오십수 년 전 빈 몸으로 이 땅에 처음 오던 날의
나를 닮아 있었다
그날의 비를 만들어오는데 오십구 년이 걸렸다고
이미 뜨거워진 빗물로 세수를 하며
눈시울이 붉어졌다
멈췄던 시간이 다시 흐르기 시작했다
나보고 이제 어쩔 거냐고 물었다
저 비가 그치면 다시 올 수 없다고 했다
생전 처음 나를 목숨 바쳐 사랑한다는 소리를 들었다

눈앞이 하얘지고 가로등 불빛도 젖었다
나는 아무 말도 못 했다
비는 그쳤다
새벽별 하나가 가슴을 뜯으며 내려다보고 있었다
나는 차마 눈을 뜰 수 없었다

수련 나비

눈물을 받아놓은 심장에서
너를 꺼낸다
투명하고 보드랍고 눈물겹다
서른여섯 개의 눈물주머니마다
연보랏빛 초경이 눈을 뜨고
발가락까지 뜨거워졌다
하늘과 땅 사이를 날고 있는 모든 것들의 날개가
너에게 들어와 잠을 청하고
어둠을 깨웠다
오직 하늘에게만 보이려고 두 개의
순결한 더듬이가 생기고
발톱이 생기고 눈이 생겼다
오랫동안 물속에 숨겨놓았던
연분홍 날개 하나가 돋아났다

나비 냄새

무지개를 한 입 깨물었더니 물비린내가 났다
수십 년 동안 날 따라온 달처럼 고향의 물고기들이
몰려와 숨을 쉬고 있나 보다
늙은 물고기들은 나비가 되었는지
공중에 빨주노초파남보 다리를 놓고
깔깔깔 웃는 소리 들렸다

무지개를 한 입 깨물었더니 꽃 비린내가 났다
수억 년 동안 날 따라온 별처럼 우주의
물고기들이 몰려와 숨을 쉬고 있나 보다
어린 물고기들은 애벌레가 되었는지
산 위에 북두칠성 다리를 놓고
까르륵 웃는 소리 들렸다

젊은 엄마의 가슴에서 나던 그 냄새
어머니가 별이 되던 날 밤
하얗게 날아오르던 나비를 보고나서야 알게 되었다

청량리역에서 이별하는 사람들

청량리역에서 이별하는 사람들은 모두
백 년 동안의 그리움을 쏟아놓는다
밤새워 부전으로 향하는 마지막 기차를 앞에 두고
플랫폼에 서서 포옹을 하고 입을 맞추고
손을 흔드는 사람들의 안타까운
몸짓이 차창 하나를 사이에 두고
눈짓을 보내고 몸짓을 보내고
핸드폰을 꺼내들고 문이 닫히기를 기다린다
한 사람을 떠나보내는 일은 그렇게
지극한 가슴을 쓸어 담는 일이다
기차의 출입문이 야멸차게 닫히고,
텅 빈 레일이 타임머신을 끌어당길 때까지
플랫폼을 서성이는 저 발걸음을 나는 안다
떠나가 버리고 나면 막장 속에 갇혀버리고 마는 그런,
막막함을 아는 사람의 뒷모습을
기억하기 때문이다
떠나간 자리에 남은 빈 바람이
떠나간 기차의 꽁무니에 매달려 나를 따라오고 있다

별빛이 어둠에 젖어 울고 있는
청량리역 5번 플랫폼에서 들리지 않는 기적소리만
기다리고 서 있는 한 사람을
알고 있다

나비가 남긴 밥을 먹다

김치를 담그려고 마트에서 사온 배추를
다듬다가 수세미처럼 줄기만 남은
배추 이파리를 보았다
얼마나 달고 고소했길래 이파리의
뼈대만 남기고 갉아 먹었을까
어두컴컴한 배춧잎 속에서 자기들끼리
시시덕거리며 통통하게 살이 올랐을 배추벌레들,
지금쯤 가을 하늘을 날고 있을까
나는 지금까지 단 한 번도 누군가의 날개를 달아준 일이 없지만
오늘 사온 배추 한 포기 속에서 통통하게 살이 올랐을
배추벌레들을 생각하면 가슴속에 등불 하나가 생긴다
배추벌레들이 먹고 남은 것들을 겨우내 몸속에 채워 넣고 나면
내년 봄, 내 몸에도 푸른 날개가 돋아나지 않을까
지상의 마지막 종점에서 도움닫기를 하며 푸른 창공을 향해 달려갔을
배추벌레들의 날갯짓, 11월의

푸른 허공에 하얗다

저녁이 운다

해가 질 무렵 노을의 반대 방향으로 걸어가 보면
땅 끝부터 붉은 핏줄이 당겨온다
굳이 하늘 부족이라고 알려주지 않아도
산이 물들고 강이 물들고 사람이 물드는
저녁이 돌아오고, 마을이 돌아오고
바람이 돌아오고 아버지가 돌아온다
모든 이슥한 순간들이 몰려와 한데 어울려
밥을 짓고 눈빛을 맞춘다
그리고 아이들처럼 한 뼘씩
어둠이 자라난다
그 환한 어둠 속에서 노을이 내려놓고 간
황금빛 비늘을 털며 아내가 대문 안으로
들어서면 집안에도
드디어 꽃 촛불이 켜진다
저문다는 것은 이별의 순간을 바라보는 것 같지만,
사실은 다시 만날 순간을 기약하는
살갗이 아무는 시간이다
해가 질 무렵 떠난 것들은 모두

별처럼 돌아오고 그리움처럼 돌아오고
낮달처럼 돌아와
발등을 새벽이슬로 적시고 운다

기차가 울면 아버지가 돌아온다

하필이면 1월 4일이었다
남으로 남으로 향하는 봇짐을 지고 형제를 앞세운 어머니는
대금이 고개 너머 실개천이 흐르는 소나무밭 건너
초가집 한 채를 지었다
고개를 하나씩 넘어야 집 한 채씩 나타나는
화전민들이 모인 그곳에 국민학교가 세워지고
180명의 아이들이 집집마다 장작을 날라 난로에 불을 피웠다
산에 불을 질러야 밭을 일굴 수 있었던 아비에게
화전민 철거 보상금은 로또에 당첨된 행운이었다
돈 냄새를 맡은 동네 하이에나들이 한 달 내내 투전판을 벌여
알거지를 만들었고, 비상금마저 탈탈 털려 빈털터리가 된 아비는
그 길로 집을 나갔다
그보다 몇 년 전에 집을 나간 어미의 행방도 알 수 없고

할미 혼자 나물 캐서 팔고,
막걸릿잔 술을 팔아
겨우 국민학교를 마쳤지만 아비는 돌아오지 않았다
그리고 다시 1월 4일,
어쩔 수 없이 청량리 청과물 시장을 오갔던 아비의 흔적을 따라
서울행 나들이의 고단한 하루를
아비가 묵었음직한 허름한 여관에서 몸을 누이고
아비가 먹었음직한 노포에서 아침을 먹는다
오래전 길을 떠난 아비는 아직 돌아오지 않고 있다

나의 사월에게

다시 사월이 오면 너는 청옥산 길을 걸어서
내게로 올 것이다
버들강아지 연둣빛 숨결로 나를 부르는 생강나무꽃 사이,
오솔길이 팽팽하게 당겨지던 너의 눈빛을 지나,
시리고 시린 계곡을 적시고 말 것이다
바다에서 불어온 목련꽃 입자가 새하얀
사슴의 목덜미에 진달래 꽃빛으로 매달려
연분홍 미소를 쏟아낼 것이다
전생을 다하여 밀려온 파도가 한순간
내 가슴에 쏟아져 푸른 물결을 새기고 갈 것이다
동해로 가는 삼백 리 길목마다
어리고 순한 눈빛이 쏟아져 내리고 청옥산을 걸어 내려온
흰 사슴 한 마리가 사월의 꽃잎이 되었다가
다시 사월이 되어 돌아올 것이다
그렇게 다시 사월이 오면 너는 내 심장에 쏟아져 내리던

벚꽃의 눈빛이 되어 하얗게 하얗게 녹아내리고 말 것이다
 그리고 나는 네가 다시 오지 않더라도
 그 오솔길의 끝에서 해마다 청옥이 부리는 작은 진달래의 노래,
 그 눈빛을 마주친 최초의 바람꽃으로 피어날 것이다

고철이 고철에게

고철 시인이 고철을 팔러 왔다가 짜장면을 사줬다
1kg에 280원 하던 고철값이
130원밖에 안한다며 고철 판 돈 절반을 헐어
평창시장 골목 칠천각에서 짜장면을 사주고
고철이 다 된 1톤 트럭을 타고 멧둔재를 넘어 갔다
도로공사를 하다 그라인더 날이 튀는 바람에
여섯 바늘이나 꿰맨 다리에 시의 붕대를 감고 절룩거리며
가난한 나를 찾아온
고철 시인은 고철 판 돈 절반을 헐어 짜장면 곱배기를 사주었고
덕분에 가난한 허기를 때운 나는 원동재를 넘어 영월로 갔다
내다 팔 고철도 없고 내다 팔 시도 없는
나는 '내가 자주 가는 집'에 들러 외상으로
막걸리에 산초 두부나 시켜놓고
노가다 끝나고 집으로 돌아가는 고철 시인을 불러 늦은 저녁

세상사는 이야기나 들어보는 수밖에,
그나저나 내 시는 1kg에 얼마나 받으려나
내일은 그동안 써놓은 원고 뭉치를 들고
고물상 저울에 통째로 올라가
더 쓸모없어지기 전에 비만한 몸뚱이나
팔아야겠다

별 점

어머니 왼쪽 가슴에 까만 점 하나
별을 녹인 흔적이라고 했다
오래전에 집을 나간 아버지는
해가 저물어도 돌아오지 않았다
달이 뜨지 않는 밤이면 나를 꼬옥 안아주시던
숨결에서 별 냄새가 났다
나이가 들어가면서 다시는 그 점을 본 일이 없었다
그러다 마지막으로 어머니 가슴을 보던 날,
그 까만 점은 선명하게 별을 그리며 커져 있었다
그리고 내 앞에서 그 별 쪼개지며
하얀 나비가 되어 날아올랐다
소문에 의하면 지구 반대쪽 어느 나라에 살던
어머니의 첫사랑도 그날
세상을 떠났다고 한다
지금도 선명하게 남아 있는
어머니 젖가슴의 까만 점 하나
몇 년 전부터 내 가슴에 발갛게 돋아나고 있다

관(棺)

옷이야 한 벌이면 족하고
집이야 비만 피하면 족하고
사람이야 님 하나면 족한데
까마귀가 자꾸 날 따라와
벌거벗은 몸 쳐다보니
누가 내 아가미 달린 몸에
마지막 옷 한 벌 지어줄 수 있을까?

제3부

나도

"같이 다니면 쪽팔리지 않는 사람이 좋아"
"나도" 하고 대답할 뻔했다
동서울터미널 하차장 맞은편 김밥천국에서
된장찌개를 먹다가 아가씨 둘이 하는 이야기를 듣고
혼자 고개를 끄덕였다
옆 테이블에서 떡만둣국 한 그릇을 시켜놓고
먹고 있는 모자는 말이 없다
엄마는 수저를 뜨는 둥 마는 둥 내려놓고
아들은 떡만 골라먹다가 만두를 건져 먹고
마지막으로 밥을 말아 먹은 후
"엄마, 가자"
모자가 처음으로 나눈 대화였다
내 된장찌개 밥그릇에는 노른자가 봉긋 솟아 있는
달걀 프라이가 덮여 있고
나는 누이 같은 여자가 끓여준
밥을 먹는다
오늘따라 혼자 먹는 밥이 쪽팔려 죽겠다

천칭

고요할 것 없는 60년을 살았다
하늘의 시간을 빌려와 바다에 내려놓고
수없이 밀려오는 파도 소리를 들었다
물고기의 언어를 듣느라
지상의 언어는 잃어버린 지 오래다
첫걸음마를 내디디며 처음으로 말문을 연 '엄마'라는
그 한마디로 평생 동안
지고 왔던 짐도 무겁지 않았다
그 한마디 때문에 살 수 있었고
그 한마디 때문에 행복할 수 있었다
그리고 그 한마디 때문에 죄를 지어도
당당할 수 있었다
엄마라는 말속에는 죄사함의 비밀이 숨어 있었고
고해성사를 하지 않아도
하느님의 축복을 받을 수 있었다
아무리 높은 해일이 밀려와도 결코
엄마라는 방파제는 넘을 수 없었다
생의 마지막 순간, 구멍 숭숭 뚫린 뼈가

타들어 가면서도 누가 엄마를 부르면
눈 번쩍 뜨고 무릎을 아드득 세우며
걸어 나오고 말 것이다
감히 하늘의 저울로는 그 사랑의 무게를
잴 수 없을 것이다
가히 바다의 저울로는 그 사랑의 깊이를
잴 수 없을 것이다

엄마의 바다

억척스럽게 밀려왔다
흰 거품을 물고 칠십칠 년을 쉼 없이
달려와 백사장에 누웠다

마지막 한숨도 남기지 않고 촉루의
흔적마저 사라진 검푸른 물결 위에
감자꽃이 흐드러지던 하지 무렵이었다

땅속에서 백자 빛으로 익어가던 붉은
심장이 줄줄이 지상으로
끌어 올려졌지만 아무도
울지 않았다

심장은 여전히 뜨거웠다
열일곱 그대로의 연분홍 꽃잎무늬가
푸른 물결을 안고 있었기 때문이다

칠십칠 년 동안 억척스럽게 끌어당긴

파도가 주름을 펴고
바람을 놓았다
바다만을 바라보던 소금꽃 한 송이,
이순의 내 가슴속에서 홀연히 떠나갔다

서울 지하철

티라노사우루스가 눈에 불을 켜고 들어와
닥치는 대로 사람들을 먹어 치운다
꾸역꾸역 공룡의 입속으로 끌려 들어간 사람들은
형형색색 내장을 구경하다가
울컥, 사레가 들린 틈을 타 탈출에
성공한다
서울의 지하에서 육천오백만 년 동안 잠복해 있던
아홉 마리의 티라노사우루스는
신 백악기로 화려하게 부활한 것이다
두더지의 숙주를 받아 땅속에 살면서
암수를 한꺼번에 먹어 치우는 바람에
가끔씩 먹은 음식을 토해낼 때는
새끼들이 딸려 나오기도 하고
자정이 가까워지면 내장 가득 술이 채워져
발걸음이 비틀거리기도 한다
하루에 한 번 범고래처럼 숨을 쉬기 위해 지상으로 나올 때,
 사람들은 공룡의 내장이 투명하다는 걸 깨닫고

구조신호를 보내지만 아무도 돌아보지 않는다
어쩌다 탈출한 사람들은
모두 제 정신이 아니다
썩은 고기를 먹고 썩은 물을 마신다
온몸에 바이러스가 퍼진 사람들은 결국
백 년도 못 살고
티라노사우루스가 기다리는
땅속으로 간다
신 백악기도 곧 문을 닫게 될 전망이다

뜨거운 물

어머니는 뜨거운 물로 나를 만드셨다
세상에 눈뜨던 순간에도 뜨거운 국물로
나를 깨우쳐주셨고 천지 분간을 못하고
야생마처럼 떠돌아다니다 집으로
돌아오면 아무 말없이 뜨거운 국물부터
들이키라고 손짓하셨다
나이가 들어 내게도 자식이 생기자
뜨거운 물로 그 몸을 씻기고 뜨거운 물로
내 여자도 씻기셨다
세상은 언제나 차갑지만 집에 돌아오면
뜨거운 물 한 그릇이 고단한 몸을 풀어주고
반쯤 나갔던 혼을 불러온다고 하셨다
잠자리에 들기 전 이불 밑에 손을 넣어
바닥의 온기를 가늠하고 나서야
뜨거운 물 한 그릇 오른쪽 머리맡에 남겨놓았던 어머
니,
  맨 처음 나를 만드셨던 아름다운 당신의 몸은
  이미 뜨거운 물이

빠져나가기 시작한 지 오래다
어머니의 몸에서 뜨거운 물이
빠져나가는 걸 아는 순간부터 나는
알게 되었다
당신이 내게 평생 동안 뜨겁게 준비해주신
물 한잔이 땅의 기운이었다는 것을,
곡식이 봄마다 뿌리내릴 때 땅속이 뜨거워져야 한다는
것을,
메마른 땅속에서도 물을 찾아 뜨거워져야
씨앗을 품어 눈을 뜰 수 있다는 것을,
마지막 순간 차갑게 식은 눈을 감을 때까지
어머니는 뜨거운 물 한 방울을 내게
보여주셨다
뜨겁게 살아라
뜨겁게 살아라
어머니가 평생 동안 내게 주신 당신의
뜨거운 물 한 그릇은 새벽 첫물을 길어와
장독대 위에 정갈한 몸을 바치시던

아침마다 시작되었다
당신이 평생 섬기던 단 하나의 신이 나였다는 것을,
평생 나를 돌봐준 신은 당신이었다는 것을,
마지막 물 한 방울마저 내게
주고 간 한참 후에야 알게 되었다
뜨거운 물 한 대야를 쏟아내고 나서야
알게 되었다
세상에서 오직, 나를 온전한 사람으로
뜨겁게 만들 수 있는
단 하나의 신, 당신이야말로 우주를 통틀어
가장 뜨거운 물이었다는 사실을,

혼자 먹는 밥

혼자 먹는 밥은 눈물이 절반이다
젓가락질 한 번 할 때마다 마주 앉고 싶은
한 사람을 떠올린다
싱거운 콩나물무침을 밥에 올려놓고
한참을 망설이던 순간
대학로 어느 분식집 귀퉁이에서 떡라면을 사주던
가난한 시절의 한 사람이 떠올랐다
고춧가루를 털어 넣은 겨울 뭇국 한 숟가락 떠먹다가
앙큼하게 순결을 바치고 떠난
고 계집애가 떠올라 목이 메었다
평생 밥을 혼자 먹었지만, 생의 한 마디를 지나서도
여전히 혼자 먹는 밥은 그리움이 절반이다
김치 조각 하나에도 왼쪽 가슴이 떨리는데
아직 봄이 오려면 한 달이나 남았는데
선홍빛 진달래 한 송이는 어쩌자고
눈 밑에 피어나 저 홀로
아롱아롱 눈물을 삼키고 있을까

알음앓이

꽃이 필 때는 모른다
꽃봉오리일 때도 모른다

꽃 피고 나면 제가 얼마나 아름다울지
얼마나 향기로울지
얼마나 뜨거운 눈길을 받게 될지

그러나 꽃은 알고 있다
얼마나 고요히 저물어야 하는지
얼마나 부끄럽게 고개를 숙여야 하는지

그 꽃만 바라보던 눈길들도 이미
다른 꽃을 가슴에 품고 있다는 것을,

꽃이 지고 나면 사랑이 움직이는 속도로
그리움도 움직인다는 것을,

꽃 진 자리마다 돋아날

새벽 별빛도 담쟁이 넝쿨의 그 끈끈한
발톱 사이에서 고요히 길을 잃고
눈을 감아야 한다는 것을…

사랑꽃

새 한 마리가 수직으로 물속에 내리꽂힌다
낙화암에서 일말의 주저함도 없이 뛰어내린
백제의 궁녀처럼,
그렇게 순식간에 물고기 한 마리를 물고 날아오른다
햇살은 강물 위에서 비늘을 털고
물고기를 잃어버린 강물은 바람에 젖은 채
울고 있다
누군가를 위해 저렇게 주저 없이
수직으로 뛰어들 수 있는 사람의 체온은
얼마나 뜨거운 것일까
하늘의 눈동자 따위는 두려워하지 않고
바람의 방향 따위는 주저하지 않고
오직 하나의 빛나는 순간을 위해
오직 하나의 뜨거운 열망을 위해
자신이 가진 가장 소중한 것을
버릴 수 있는
수직의 낙하라니,
저 빈 공중에 피어나는 몰아의 꽃 한 송이가

낮별로 반짝인다
물의 기척이 심상치 않다

고려장

고목에는 새도 날아와 앉지 않는다는데
오래 살아남았다는 사실은 얼마나 부끄럽고 염치없는 일이냐
베어지지 않고 뿌리 뽑히지 않고
부러지지 않고 살아온 세월의 흔적을
껍질 속에 단단히 감추고 이순을 넘는다니
얼마나 잔인한 일이냐
요절한 시인들은 오늘도 살아남아서
소녀들의 심장에서 펄떡이고 있는데
나는 어쩌자고 아직 살아남아서
꽃 한 송이 제대로
피우지 못하고 새 한 마리 날아오지 않는
가지를 뻗치고 있느냐
흘러가는 바람이라도 한 줄기 잡아야겠다
지나가는 벌레라도 한 마리 불러야겠다
그렇지 않으면 발가락부터 썩어 들어가는
육신의 냄새를 어찌 감당하겠느냐
저 이름 모를 풀씨 하나 발아하기 위해

세상을 꽃 피울 동안
새들이 날아와 앉을 몸속의 틈 하나
열어, 간 쓸개부터 모조리 내어주어야겠다

겨울 장마

소한 무렵, 결빙되지 않은 무늬를 안으려고
사흘 밤낮 겨울비가 내렸다

그해 겨울처럼, 한파가 휩쓸고 간 길 위에
물 분자를 발화시킨 적(滴)이 있었다

반세기를 사는 동안 처음으로 나보다
나를 먼저 걱정해주고 핏줄이

깨어나기도 전에 몸속에 들어와 빛을 발아시켰던

단 하나의 사람, 수많은 별자리 가운데

서 있어도 푸른빛이 퇴색되지 않아

한눈에 들어오던 그 사람이 말없이

겨울 속으로 떠나갔던 그날처럼,

밤새도록 창문을 두드리는 물방울의 언어를
모른 체할 수밖에 없었다

이불 속에서도 발이 흥건하게 젖어들었다

그리고 아무도 찾아오지 않았다

오래된 늑골 사이, 눈물마저 고립되었다

홀로 남은 등

쓸쓸함이 어둠의 등 뒤로 소리 없이 쌓이고,
울음소리 감춘 새벽을 걸어 나와
풀잎 아래 이슬로 눕는다
동이 트도록 풀잎의 뒤척이는 소리로
강물은 깨어나고 하늘의 첫 물을 길어와
홀로 남은 별을 씻었다
별도 눈물을 흘린다는 사실을 처음 알았다
지상의 슬픈 등 하나를 보려고 수억만 년
고향을 버리고 내게 왔다
지친 하늘의 몸을 누이려고 꽃을 한 아름
안고 왔다
햇살이 빛나는 동안에도 홀로 남은 등은
빈 그림자를 안고 말이 없었다
한 번도 안겨본 적 없는 등에는 굳은살이 배겨 있었다
그림자도 나이를 먹으면 단단해진다는 걸 처음 알았다
누군가를 안아보면 안다
가슴이 시린 사람의 등에선 북소리가 난다는 것을,
속이 텅 비어 있어서 누군가 두드려주지 않으면

저 홀로 바람에 길들여진 채 갈라터지고 만다는 것을,

쭉정이에게

콩알만 한 귤을 까먹다가 콩알 하나가
얼마나 많은 콩을 열게 하는지
생각해보았다
나폴레옹도 처칠도 간디도 콩알만 한 사람들이
세상을 바꾸고 콩 심는 법을 일깨워줬다는 사실을 알게 되었다
콩도 눈이 깨어 있어야 눈을 뜨는 법,
이미 쭉정이가 된 눈은 스스로 껍질을 벗어버리지 못하고
그리움의 지옥에 갇혀 버린다
콩 한 알이 눈 뜨는 순간을 가만히 보아라
한 치 앞도 안 보이는 어둠 속에서
몇 날 며칠 숨을 참으며 더듬더듬 빛을 찾아
두 눈을 뜨면,
깊고 푸른 우주가 품에 안긴다
수천수만의 콩들이 대지 위로 뛰어나와
콩닥콩닥 뛰며 만세를 부른다
나폴레옹과 처칠과 간디를 따라간 수많은 콩들이

척박한 대지에서 눈을 떴을 때,
수풀 속의 이름 모를 풀씨들도 깨어났다
몸속에 가장 뜨거운 것들로 가득 차 있을 때,
나를 세상에 내보내고 쭉정이가 된
어머니가 눈을 감던 순간 알게 되었다
자신의 가장 뜨거운 것으로 가득 채운
심장을 내어주어야 눈을 뜰 수 있다는
사실을,
우주의 가장 밝은 것으로 가득 채운
영혼을 내어주어야 입을 열 수 있다는
사실을,

별이 죽었다

한 사람을 가슴에 품는 순간부터
사랑은 시작된다
어머니가 처음 나를 세상에 내보내던 순간
당신의 체온과 맥박으로 안심시키고 앞으로
살아갈 날들을 말없이 안아주었던 것처럼,
누군가를 가슴 한켠에 들여놓으려면
그 사람의 상처까지 내 살갗의
무늬가 되어야 하는 것이다
하나의 숨결은 그냥 지나가는 것이 아니다
한 번도 끊어진 적 없는 인연의 들숨과 날숨이
한 사람의 영혼에 깃들고
또다시 지상의 키 작은 꽃송이를 만나
호흡이 완성되는 것이다
우주의 높은 분이 밤마다 별 하나를 내려보낼 때,
아버지의 아버지로부터 이어온
몸에 뜨거운 숨결이 맥박으로 솟아오르는 것처럼,
외로운 가슴을 열어 한 사람을
죽는 날까지 품는다면 상처로 꽃 피웠던

모든 순간들은 새로운 핏줄의 시조가
　되는 것이다
　오늘 밤 나는 아무도 기다려주지 않는 어둠 속을 지나
　허공으로 난 푸른 사다리를 기어 올라 마지막일지도
모를
　애달픈 그리움 하나 만지고 돌아올 것이다

화전(火田) 아리랑

화전 밭 너머로 노을이 침수되기 시작했다
짐승이 어슬렁거리는 시간이 되면서 나는
누군가 집으로 돌아올 사람이 있을 것만 같아
대문 밖을 자주 기웃거렸다
하루의 길이를 재느라 분주해진 어깨를 털고
불빛에 놀란 고라니처럼 우두커니 서서
마을 밖으로 난 텅 빈 길을 솟대처럼 응시했다
하루 종일 누군가 오갔을 그 길엔 아직
온기가 식지 않은 발자국이 남아 있었다
마음이 급해 서둘러 오던 발걸음이
돌아나가는 저녁나절엔 발뒤꿈치가 돌 위에
무겁게 새겨지고 자꾸만 뒤를 돌아보던
하얀 목덜미만 홀로 느티나무 그늘 아래
오래 남아서 또 누군가를 기다리고 있었다
바람 한 점 없었고 그리운 목소리는 잃어버린 지 오래 되었다
또다시 화전 밭 너머로 밤새도록 불이 타오를 것이다
그리고 아침을 기다리던 한 사람이

새벽에 다녀간 짐승의 발자국을 따라
연기 자욱한 숲으로 돌아갈 것이다

나비 박쥐

나는 나쁜 피를 빨아 먹는 박쥐다
어둠을 밥보다 좋아하고 어둠 속 불빛의
길에서 하이에나처럼
바람의 통로를 따라 움직인다

머물 곳이 없어 평생을 거꾸로 매달려
잠자리에 들고 거꾸로 매달려 눈을 씻었다
동굴보다 깊은 어둠 속에서 오직
허공을 날아오는 하나의 주파수만 찾았다

시간의 이야기를 기록하고
가슴속의 파동을 기억하는
그 사람의 등 뒤에 숨어서 숨소리만 들었다

솜털이 일어서는 오감을 열어놓고도
한 번도 그립다는 말을 못했다
반백 년을 넘게 비워논 하늘 아래서
한겨울에도 지지 않는 하얀 민들레꽃

한 송이로 피어나 서러운 눈물조차
삼켜야 했다

눈보라 따위는 두렵지 않았다
동면에 들기 전,
심장이 잠시 멈추는 법을 배우고 옛사랑의 그림자를 베어

하얗게 솟구치는 그 피를 마시고
어둠 속을 깊게 날아서 흰 날개로 진화한
나쁜 피로 씻김을 받아, 최초로
뒤집어진 채
잠자리에 드는, 나비가 될 것이다

청제비나비

물이 가지를 치는 연못가에서 청제비나비 한 마리 물수제비를 뜨다
수면을 날아올랐다
발끝까지 강물이 들어 찬 공중엔 푸른 말줄임표가 이어졌다

오래전에 나비처럼 살다 하늘로 간 시인의 '날개'가 열아홉,
사랑하다가 죽어 버린 누이의 청잣빛 눈동자를
정암사 적멸보궁 추녀 끝에 매달았다

일몰을 기다리던 연어 떼처럼
태백산을 넘어 동해로 향하던 청제비나비,
갈대숲에서 일제히 날아올랐다

처음부터 한 번도 만난 적 없었던
최초의 연인,
어머니 같은 여자의 가슴에서

울음을 참고 있던 천생 나비의
보랏빛 숨소릴 들었다

나비 무덤을 열고

진안 사람들은 귀가 밝다
백 리 밖 대전에서 흥보는 소리도 들을 수 있고
광주에서도 대구에서도 소곤거리는 소리를
덕유산 중계소를 통해 들을 수 있다
옛날 어떤 장수가 끌어다놓은
말 한 쌍의 귀가 자라나 세상의 모든 소리를 듣고
귀가 순해지는 법을 알고 있다는 수항골
처자의 오래된 순결이 남아 있는 탑사엔
이루어지지 못한 사랑의 흔적이 차곡차곡 쌓이고 있다
하늘조차도 함부로 그 사랑을 허락할 수 없어서
세 평 남짓한 허공을 데리고 내려와 이마를 씻고
귀를 씻고 눈을 씻었다는
나비 무덤,
언제 다시 저 날개를 펄럭이며 하늘을 열어
귀가 순한 진안 사람들의 가슴에서
바람꽃 한 송이로 피어났으면 좋겠다

제4부

비 오는 날엔

비 오는 날엔 사랑해야지
겨울나무처럼 맨몸으로 서서
하늘의 씻김을 받아야지
아무도 모르게 빗속을 천천히 걸어가야지
난간도 없는 풀잎에 떨어지는 빗방울을
두 손으로 받아내야지
빗방울들이 모여 길을 만들고
냇물로 섞이기 전에 사랑해야지
빗소리를 들으며 사랑해야지
비에 젖은 몸으로 안아봐야지
빗물이 버드나무의 허리를 안고
몸을 비트는 숲으로 들어가
흰 여우처럼 사랑해야지
비가 그치지 않도록 끊임없이 사랑해야지
다시 아침이 오지 않을 것처럼
다시 햇살을 볼 수 없을 것처럼

배추흰나비의 여행

서울행 KTX 3호차에
배추흰나비 한 마리 탑승했다
강릉에서 무임승차한 배추흰나비는
당최 내릴 생각이 없다
승무원이 불러도 본체만체,
승객들을 힐끔힐끔 쳐다보며 뜻 모를 미소를 던진다
3호차가 특실이라는 걸 알고 있다는 사실은 놀랍지도 않다
수영복 차림으로 승차했는지 날개를 펄럭일 때마다
바닷냄새가 났다
여름 한낮, 하루종일 배추밭에 엎드려 지냈던
젊은 날의 어머니는 정작 배추 한 잎 먹어보지도 못한 채
장다리꽃이 다 지도록 돌아오지 않았다
뿌리에 바람이 들고 이파리가 노랗게 물들었지만
씨앗을 보러 오지도 않았다
이미 오십수 년 전의 일이었다
기차가 양수리 철교를 지날 때쯤

배추흰나비는
차창 밖에서 날개에 푸른 물이 든 채로
나를 따라왔다
KTX 3호차 객실 가득
배추흰나비들이 몰려와 아직 여물지 않은
어머니의 배추를 뜯어 먹고 있었다

나비와 개망초

하얀 나비가 날았다
하얀 기억을 남기고 발자국도 없는
하늘을 날아올라
날개를 펄럭인 자리마다
꽃이 피었다
꽃잎은 공중을 물들이고 피어나
암술을 내밀고 그리움을 접속했다
나비는 꽃을 본 게 아니었다
나비는 망초의 은밀한 곳을 본 것이었다
나비의 날개가 쪼개지기 시작했다
백여덟 개의 꽃잎이 우주를 향해
떨고 있는 동안
나비는 흰 무늬를 쪼개어 수의를 짓고
샛노란 심장에 봉분 하나를 세웠다
참이었던 적 없이 개를 족보로 들여놓고
살아온 세월, 그래서 가슴은 늘 서늘했고
눈빛은 늘 허전했다
이제 다시 긴 잠에 들어가면 칠 년 후쯤 깨어나

날개 없는 짐승으로 땅을 기어 다닐 것이다
그리고 꽃그늘을 찾아다니며
나비였던 시절의 이야기를 물어볼 것이다

동대문구 5-050 손순희

청량리시장에서 청량리역으로 가는 로터리
횡단보도 앞에는 아침마다 문을 여는 노점이 있다
동대문구 5-050 손순희 할머니 토스트 가게

계좌이체됩니다
맛짱!
야채 토스트 2,000원
햄 치즈 토스트 3,000원
우유 베지밀 두유 오뎅 1,000원

주문과 동시에 식빵 두 조각이 불판 위에 올라가고
노릇노릇 앞뒤가 구워지면
양파 당근 파가 들어간 달걀 토핑 위에
설탕과 케첩을 뿌려서 반을 접은 다음
일회용 종이컵에 넣어준다

손을 떨며 잘라놓은 토스트를 먹는 할아버지,
등산복을 입은 채 어묵부터 입에 넣는 아저씨

산뜻한 컬러 티와 봄 치마를 입은 아가씨
누구보다 먼저 아침을 건너가는 그 틈에 껴서
토스트 한 조각을 먹는다

지난밤 영혼을 탈탈 털어 시 파는 강의를 마치고 마신
막걸리 한 잔의 취기가 가시기도 전에
한 끼의 아침을 구걸하는 노숙자들 사이에서
나는 부끄러운 아침을 먹는다

내 무덤

꽃 피는 거 보려면 꽃자리에 누워야지
꽃자리에 누워 하늘을 봐야지
흘러가는 구름을 보고
흘러가는 별을 봐야지
새벽이슬에 눈 뜨고 기지개 켜는
풀잎에 깃들어야지
누군가 손짓하면 따라가야지
주저하지 말고 망설이지 말고
바람처럼 세월처럼 따라가야지
꽃 지는 거 보려면 하늘이 되어야지
그 꽃 해마다 봄을 피워낼 수 있도록
내 몸을 주어야지
내 숨을 주어야지
꽃 무덤이 되어야지

달빛 호접란

내 심장에서
보라색 나비 한 마리 피어나려고
새하얀 파도가 도착했다
하루에 한 송이씩, 하루에 한 망울씩
보랏빛 파도가 생겼다

네가 있는 곳으로 꽃대가 기울고
네가 있는 곳에서 파도가 밀려왔다
이미 오래전부터 시작된 일이었다
멈춘 시간이 열리고 과거로부터 심어놓았던
화분에서 한 달 동안 싹이 텄다

한 번도 같은 물결이었던 적 없는,
다른 생에서 밀려온 파도가 겹겹이
가슴에 도착했다
한 번도 멈춘 적 없는 날갯짓으로
혈관 속을 날고 있었다

파란 흉터

버들가지에 연노랑 물이 들기 시작하는 삼월이 오면
행여 그 사람이 올까
방문을 걸어 잠그지 못한다
바람결에라도 들렀다가 잠긴 손잡이가 서러워
돌아설까 봐 밤이 깊도록 문을 닫지 못한다
어린 나이에 집을 떠나 평생 밖으로 돌던 나를 위해
저녁마다 마을 어귀를 서성이던 어머니가 그랬던 것처럼
오지 않는 그 사람을 보려고 밤새 문고리에는
서러운 눈동자만 가득 고였다
그 사람은
도시의 어느 후미진 곳에서 기다리는 사람도 없고
기다릴 미련도 없는 문고리를 걸어 잠그고 갇혀 있을까
아무도 살지 않고 아무도 찾아오지 않는
망망대해 한가운데 홀로 떠 있는 별처럼
밤이 되어도 아무도 바라보지 않아서
차마 눈을 뜨지 못하는,

잔바람에라도 누군가의 체온이 돌아왔으면 좋으련만,
빗줄기를 타고서라도 꽃잎의 온기가 스며들었으면 좋으련만,
문을 열지도 닫지도 못한 채
삼월이 가고 사월이 가고 오월이 가고
내 왼쪽 가슴 언저리에 저녁 강물 같은
흉터 하나만 돋아나고 있다

둥지를 놓다

사람의 처마 밑에는 얼마나 많은 짐승들이 깃들어 살 수 있을까
지나가던 사람도 잠시 빗줄기를 피해 갈 수 있고
가난한 사람도 바람을 피해 마음을 녹였다 갈 수 있는,
아이들의 투명한 웃음소리와 아버지의 호탕한 너털웃음을
기대어 들을 수 있는, 인색한 담장 가운데 덩그러니 서 있는
철문 대신 넉넉한 처마가 있어서 달이 가장 가까워 보이는
그런 지붕 아래서,
봄비가 동화처럼 내리는 사월이 돌아오면,
마지막으로 너를 바래다주고 돌아오던
그날이 생각나 아무 집 처마 밑으로 기어들어 가
한참을 물끄러미 서서 빗물이 모여서 흘러가는 소리를 들었던,
새들도 어느새 잠이 들었는지 사방이
온통 검은 초록일 때, 나는 오지 않을 너를

기다리던 시간을 기억해내고 사랑의 처마 밑에는
얼마나 아름다운 사람이 깃들어 살 수 있을지
가슴 한켠에 오래 남겨 두었던 빈 둥지
하나 꺼내어본다

비꽃

어쩌자고 바람이 불었나
사월의 허리를 지나가는 소녀의
웃음소리가 화르륵, 활활 회색빛 도로를
불태우고 있다

어느 높은 산자락에서 시작되었는지
어느 깊은 강줄기에서 깨어났는지 모를
연둣빛 숨결이 숨을 쉴 때마다 어리고 어린
왼쪽 가슴을 비집고 들어왔다

술 취한 하늘이 울고 있다
얼마나 하늘이 뜨거운지 나무가 젖고
바람이 젖고 강물이 젖었다

마른 것은 내 심장뿐이다
벚나무의 눈이 빨개지기 시작하고
살구나무의 발가락이 빨갛게 부풀었다

어쩌자고 비는 자꾸 내리나
노을조차 잃어버린 계절의 허리 아래에서
한 소녀가 울고 있다
뜨거워진 길바닥으로 새하얀 꽃잎의
통곡소리 낮은 곳으로 흘러들어
푸른 기억이 되었다

소녀의 첫 꽃잎,
그곳에 누워 있다

그해 봄 광나루에선

1980년 무렵, 그는 광나루 3호였다
광진교를 건너면 나오는 천호사거리 근처
월셋방에 살던 스무 살 청년의 또 다른 이름이었다
그의 뒤에는 항상 밤 동무가 도둑고양이처럼
승냥이처럼 꼬리를 밟으며 따라다녔다
밥을 먹으면 밥집에 따라오고 술을 먹으면 술집에 따라오고
집에 들어가면
잠자는 방에 신발을 신고 들어와 이불 위에
구두 발자국을 내며 집안을 뒤집어놓았다
그렇게 삼 년을 따라 다니다가 현역 입영통지서를 받고
일주일쯤 지날 무렵 두 명의 사내가
출근하는 그를 버스정류장에서
끌고 갔다
사방이 방음벽으로 되어 있는 까만 방에서 책상 하나
의자 두 개를 놓고 밤새도록 같은 질문을 하고 같은 답변을 강요했다

비기모독죄, 최고 권력자를 모독했다며 꺼내놓은 증거 자료엔
대머리가 권력을 쟁취한 서울의 시위 현장에 대한 이야기와
광주민주화운동을 무력으로 진압하고 억울한 시민들을
삼청교육대로 끌고 가는 독재자가 나타났다는
그의 자필 편지가 복사된 채 놓여 있었다
누구였을까 그 편지를 도적질한 이는,
누구였을까 그의 스파이 노릇을 한 셰퍼드는,
그가 광나루를 떠난 지 삼십오 년, 강변도로를 따라 줄지어선
벚나무에선 그해 봄날 보지 못했던
새하얀 미소가 뜨겁게 쏟아지고 있었다

시를 팔아 너를 살까

커피 한 잔 값이면 밥 한 끼를 먹을 수 있다는데,
하루에도 몇 번씩 커피숍 들락거리면서
에스프레소 아메리카노 카페라떼 종류별로 커피를 마시면서
밥 한 끼 먹게 돈 좀 보태달라고 땡볕의 길거리에 서서 외치는
청년들의 목소리에는 아무도 돌아보지 않았다
잔치국수 한 그릇만 먹어도 행복한 시절이 있었는데,
한 끼에 오만 원 십만 원짜리 뷔페 식단 배불리 먹었는데
속이 허전해서 집에 도착하자마자
라면 끓여먹는 날이 늘어가는 심사를 뭐라고 해야 하나
시 한 편 판 돈으로 가난한 시인 둘이
막걸리 한 잔 사 먹고 돌아가는 길,
누군가의 밥값을 걱정하는 청년들의 목소리에
사십 년 써온 내 시가 부끄러워져
막걸리 사 먹고 남은 돈 남이 볼까 무서워

슬그머니 모금통에 넣고 돌아섰다
내일은 밥이 되는 시를 써야 할 텐데,
마음에 드는 시 한 편 써주면 한 달은 같이
살아주겠다는 여자가 더 늙기 전에
백석처럼 쓰고 한하운처럼 써서
너를 사야겠다
너를 물어야겠다

하늘 가는 날

하늘에 별이 하나씩 늘어날 때마다
지상에선 꽃 한 송이씩 떨어진다
은하수를 가득 메운 별은 누군가의 혼이다
할아버지의 할아버지로부터 이어온 인연들이
밤새도록 자신의 뿌리를 찾느라 불을 밝히고
강물을 흘려보낸다
강물 속에서 잉태한 별들이 바다를 향해 헤엄쳐 가는 동안
수억만 년 이어온 무늬가 비늘마다 새겨지고
바다의 바닥에서도 꽃이 피어난다
매일 밤 자정 무렵 태백산 정암사 적멸보궁의
종소리가 세 번 울리고 나면 하늘이 번개처럼
한 번 열리고 별이 되지 못한 물고기들이
하늘로 올라간다
이때 하늘의 한 많은 영혼들이
지상의 착한 꽃 한 송이씩 데려가
천상의 정원에 심고 나면 이튿날
어김없이 꽃이 사라진 웅덩이에 비가 내린다

내가 하늘에 가는 날도 그럴 것이다
지상의 꽃 다 지고 하늘 별꽃이 새하얗게
지상의 모든 곳을 덮을 때 사륵, 사륵, 사륵
하늘 가는 사다리에 오를 것이다

장평 가는 길

장평 가는 시내버스를 타고 후평리를 지날 무렵
한 할머니가 비닐 보따리를 한 아름 들고
버스에서 내렸다
정류장에 마중 나와 있던 할아버지가 급하게
걸어오고 할머니도 미리 내려준 거리만큼 바쁘게
걸어왔다
마음만 급한 발걸음은 팔보다 느리게 옮겨지고
허리 굽은 할머니를 만나려고
허리 굽은 할아버지가 걸어온다
저렇게 몇십 년을 걸어왔을까
꼿꼿하던 허리로 나비처럼 날아다니던 시절 만나
세상 위에서 벌어지는 역사를 건너오는 동안
다리의 힘이 빠져 나가고
허리도 굽어졌을 것이다
할아버지가 끌고 나온 짐자전거 위에
할머니 대신 비닐 보따리가 올라 앉고
자전거를 끌고 가는 할아버지 뒤를 따라가는
할머니, 서로 한마디도 하지 않았지만

세월은 한 세기를 빌려와 버스정류장에 내려놓았다
내년 봄 키작은 제비꽃으로 피어날 두 송이의 꽃,
서로 마주 보며 후평리 버스승강장에서
장평 가는 버스를 기다리며 서성이겠다

고목나무의 생각

생각건대 고목나무에는 아주 많은 새들이
깃들어 살고 있었다
무려 천오백 년 전 나무가 나무다워지고
가지와 가지가 울창한 잎들로 품을 이루기 시작할 무렵부터
숲의 일부가 된 것을
기뻐했을 것이다
시조새들이 날아와 집을 짓고 새끼를 낳고
일가를 이루어 떠나기를 수만 번 반복하는 동안
나무는 사람의 역사를 지켜봤을 것이다
그 심장의 어디쯤 레코드판처럼 소리를 기록하며
날씨를 기록하며 세상 모든 어린 것들의 웃음소리를 기록했을 것이다
눈 녹은 가지마다 생살을 찢고 보란 듯이
살아 있다는 사실을 기쁘게 알리려고
자랑스런 꽃눈을 틔웠을 것이다
햇살의 무늬가 계절마다 바뀌는 것을 바라보며
그 햇살의 영양분을 받아 곤충들이 기어오르고

벌레들이 몸을 피하는 시간을 지켜보았을 것이다
그리고 그 그늘이 깊어갈수록 더 많은 사람들이
모이고 더 많은 이야기가 모이고
더 많은 눈물들이 머물렀다 떠났을 것이다
빗물에 발자국은 모두 씻겨 내려갔지만
한 사람이 걸음마를 하고 뜀박질을 하고
다시 지팡이를 짚으며 천천히 길을 걸어 내려올 때까지
다가왔다가 멀어지는 순간을
아주 오래된 별처럼 천천히
내려다보았을 것이다

천마총

바다가 내려다보이는 선자령 언덕 위에
말을 묻었다
반세기 넘게 입안 가득 물고 있었던 말이었다
숨을 쉬는 동안 쉬지 않고 내뱉은 말들은
기억나지 않는다
때로는 말에 가시가 돋아나
누군가를 찔렀고
때로는 말에 칼날이 돋아나
누군가를 베기도 했다
밤새 눈이 쌓여 무릎까지 덮였지만
아무 소리도 들리지 않았다
말이 가시와 칼로 쌓이는 동안
얼마나 많은 사람들이 죽어갔을까
그 무지하고 섣부르고 어설픈
겨우 세 치의 혀끝을 벗어나오는 순간,
그 말은 얼마나 부끄럽고 추악했을까
별똥별처럼 선명하게 스쳐가는 수십 년 전의
기억 속에 내가 버린 말이 살아남았다

그 말을 덮으려고 눈은 또 얼마나 쌓여야 했을까
나무 한 그루 없는 선자령 능선 위에
흰 말 한 마리 엎드린 채 나를 보고 있다
투루, 투루 투레질을 하며 말 없는
입김을 내뿜고 있다
수인리에 아버지를 묻고 돌아서던 날
계곡을 가득 채우던 말줄임표가
선자령 언덕 위에서 동해 바다를
내려다보며 말총처럼 쌓이고 있다

묵호

기차가 지나가는 하얀 등대에서 만나자
노란 봄바람을 안고 멀리서부터 바닷가를 달려온
두 칸짜리 완행열차가 손을 들면 정차하는
그곳에 하얀 등대가 불을 밝히는 저녁이 오면
낮잠에서 깨어난 작은 배들이 포구를 떠나가는
술집 간판들 사이에서 출렁거린다
노을은 온통 핏줄을 터뜨리고
바람은 키 작은 풀포기 속으로 숨어들어
밤이 오기를 기다리고 있다
등대 아래로 몰려드는 물고기들이 가끔씩 고개를 들어
하얀 이정표를 확인하고 별자리의 좌표를 찍는다
수천 년을 내려온 어부들의 노래는 등대 불빛이
퍼지는 수평선 너머로 기울어가고
갈매기들이 잠든 바닷가 언덕 위에 숨은 별이 내려와
잠이 든다
사월이 오고 있다
기차가 지나가는 시간, 등대 불빛이 켜지면
논골담길 계단에 올라 깜깜한 수평선 너머로 쏟아지는

별빛을 물고 깊은 잠에 빠질 것이다

시인의 산문

내 안의 별빛에게

 내가 지금 살고 있는 평창에 온 것은 18년 전의 일이다. 1990년대 초반 「메밀꽃 필 무렵」 소설 속 주인공을 만나보고 싶어서 봉평의 이효석 생가를 찾은 것이 인연이 되어 어느 날 훌쩍 발걸음이 평창으로 향했던 것이다. 처음 이곳에 올 때만 하더라도 여기서 이렇게 오래 살게 될 줄은 전혀 생각하지 못했다. 그렇게 한 해 두 해 머물다 보니 어느덧 이십 년이 다 되어간다. 평창에 살면서 좋은 점은 바로 집 근처에 평창강이 흐르고 강줄기를 따라 산책로가 이어져 있어서 산과 강의 정취를 즐길 수 있고 마음만 먹으면 언제든지 산에 오를 수 있고, 제철 나물을 먹을 수 있고, 신선한 공기를 마실 수 있다는 사실이다.

 그중에서도 내가 평창을 고집하는 이유는 여름에 모기의 공포로부터 벗어날 수 있다는 점이다. 사실 다른 지역으로 외출을 하지 않고 평창에서 여름을 난다면 여름 내

내 모기 한 방도 물리지 않고 지나갈 수 있다. 한 번은 후배들과 여름에 경남 하동의 허름한 농가를 방문한 적이 있었다. 마당에는 풀이 무성했고 날씨는 30도 중반을 넘어서고 있었다. 귀농한 후배의 집을 보러 간다는 명분하에 들르긴 했지만 그 잠깐동안의 방문으로 나는 온몸에 공동묘지 같은 훈장을 달고 열흘 넘게 후유증으로 고문을 당했던 기억이 남아 있다.

그날 이후로 여름에 야외에서 하는 문학 행사나 모임에 초대되어서 가는 일이 두려워지기 시작했다. 그래서 가능하면 그런 행사도 내가 가기보다는 평창으로 불러들여 모기로부터도 해방되어 시원하고 선선하게 보내려고 애를 쓴다.

내가 태어난 고향 집도 그런 곳이었다. 1·4 후퇴로 월남한 아버지가 땅 한 평 없는 가평의 대금산 자락에 집을 짓고 화전을 일구며 살았던 산자락 마을은 고개 하나를 넘으면 집 한 채가 있던 그런 산골이었다. 유년 시절 앞산의 부엉이 소리와 실개천의 가재를 잡으며 놀았던 그곳은 오래전에 폐허가 되어 흔적도 없이 사라지고 원래부터 집이 없었던 것처럼 누군가의 밭으로 변해버렸다. 인적이 드물었던 만큼 산토끼, 고라니, 멧돼지, 뱀 등 산짐승들과 친하게 지냈던 시절, 가장 나를 설레게 했던 것은 밤마다 휘영청 떠오르는 달빛과 반짝반짝 빛나는 수

많은 별빛이었다. 한밤중에 오줌을 누려고 댓돌을 나서면 지붕을 덮고 마당 가득 하얗게 쏟아져 내리던 달빛이 아직도 생생하다. 그리고 한자리에서 꼼짝도 하지 않고 나를 내려다보던 별빛들의 눈맞춤을 잊을 수가 없다.

중학교 시절, 수업이 끝난 후 신문을 돌리고 삼십 리 길을 걸어서 할머니 댁으로 가다 보면 캄캄한 밤길이 얼마나 무서웠던지, 그럴 때마다 밤하늘 가득 달이 떠 있으면 얼마나 든든하고 기분이 좋았던지 그 기억을 살려 쓴 동시「달이 자꾸 따라와요」가 2021 KBS창작동요대회에서 노랫말 우수상을 받으며 동요로 만들어져 어린이들에게 널리 불려지는 계기가 되기도 했다.

며칠 전 작가와의 만남 특강 시간에 만난 영월의 마차초등학교 아이들에게 동요를 들려주고 따라 부르게 하면서 각자 달이 따라오던 경험을 이야기하도록 했는데, 신나서 자신이 겪은 이야기를 들려주었다. 시간은 이미 50여 년이라는 차이를 두고 있지만 자연 속에서 자라나는 아이들의 경험은 그대로 이어지고 있었다.

요즘 사람들은 하늘을 자주 보지 않은 지 오래되었다. 그것은 도시 사람이나 시골 사람이나 마찬가지다. 언제부터였을까. 아마도 전기가 들어오고 집집마다 불을 환하게 밝히고 마을의 길목을 따라 가로등이 들어서면서였을 것이다. 예전처럼 마당가에 있는 화장실을 가려고 방문을 열고 나서면 하늘부터 올려다보아야 했고, 동네에 마실이라도 다녀오는 날이면 달이 떠 있는지부터 살펴보고 길을 나서야 했다. 원치 않더라도 하루에도 몇 번쯤은 밤하늘을 쳐다보아야 했다. 굳이 달력을 보지 않아도 음력으로 오늘이 며칠인지 계절이 어디서 어디로 흐르고 있는지 알 수 있었다. 그렇게 밤마다 달빛과 별빛을 바라보며 자란 아이들은 어른이 되고 나이가 들어서도 가슴에 그 화인이 남아 있어서 객지를 떠돌다 돌아와도 밤하늘부터 찾기 마련이다. 평창으로 놀러 오는 사람들은 밖에서 고기를 구워 먹으며 술 한잔하고 나면 밤하늘을 쳐다보며 한마디 한다. "와, 별이 주먹만 하다야" 글쎄, 내가 아는 별은 서울에서 보나 평창에서 보나 똑같은데 왜 사람들은 평창만 오면 한결같이 별이 주먹만 하다고 하는 걸까?

도시에서 하늘 볼일 없이 바쁘게 살고 온통 휘황찬란한 불빛에 현혹되어 살면서 자신을 돌아볼 여유조차 없던 사람들이 모처럼의 여유로운 시간 속에서 잊고 있었던 고향의 흔적을 끌어와 자신도 모르게 감정이 자연 속으로 물드는 것이리라.

그리고 이젠 나도 캄캄한 밤하늘에서 별을 찾기도 하지만 가슴속에 숨겨둔 별을 가끔씩 불러내어 나 혼자 보는 걸 즐기고 있다. 그 시간이 달이 떠 있는 시간이라면

기쁨이 두 배로 늘어날 것이다. 심지어 낮에도 별을 보고 꽃 속에서도 별을 보고 나뭇잎 속에서도 별을 보고 막 돋아나는 풀잎 속에서도 별을 본다. 그리고 자세히 바라보면 그 자연 속에서 빙그레 웃고 있는 달빛과 눈이 마주친다. 인생이라는 하나의 순환 지점에 다다라 보니 내 안에서 보고 싶었던 것이 무엇이고 만나고 싶었던 사람이 어떤 사람인지 깨닫게 된 것이다.

함께 별을 오래 바라보고 함께 달빛 속을 손잡고 걷고 싶은 사람이면 족하다는 생각이 들었다. 지금 내가 만나고 싶은 사람은 그런 사람이다. 그리고 어느 날 시간이 된다면 그 달빛이 흥건히 내려앉은 꽃 속에 숨어들어 밤을 새워 이야기를 나누고 나비의 날개를 빌어 별이 있는 곳으로 소풍을 떠나는 것이다.

이번 시집에 별과 달, 나비에 대한 시가 유난히 많고 눈길을 끄는 것은 이런 나의 생각이 오래된 기억의 산물이라는 증거이다. 이달 말에도 아이들과 함께 글쓰기 수업을 하러 간다. 그 아이들의 순수한 눈빛을 보고 맑은 마음 자락을 만지면 세상 모든 허물을 덮어주는 달빛이 비단결처럼 만져지고 입술에서 터져 나오는 웃음소리를 들으면 별빛 사리가 부서지듯 대낮에도 공중 가득 은하수가 쏟아져 내릴 것이다.

시인이 되려면 한 번쯤 달빛 샤워를 하고 별빛이 쏟아

지는 거리를 홀로 밤새워 걸어 보아야 하지 않을까. 윤동주가 감옥의 철창 사이로 바라보았던 별 하나의 추억도, 이육사가 중국의 감옥에서 바라보았을 광야를 달리던 별빛도, 백석이 분단된 대지를 원망하며 마지막으로 바라보았을 별빛도 이젠 가슴 깊은 곳에서 꺼내어 길을 밝혀 볼 일이다.

  내 안의 내가 더 이상 길을 잃기 전에.

나비가 남긴 밥을 먹다

2021년 8월 25일 초판 1쇄 펴냄
2022년 7월 30일 초판 2쇄 펴냄

지은이 _ 김남권
펴낸이 _ 양문규
펴낸곳 _ 詩와에세이

신고번호 _ 제2017-000025호
주　　소 _ (30021) 세종특별자치시 조치원읍 충현로 159, 상가동 107-1호
대표전화 _ (044)863-7652
팩시밀리 _ 0505-116-7653
휴대전화 _ 010-5355-7565
전자우편 _ sie2005@naver.com
공 급 처 _ 한국출판협동조합
주문전화 _ (02)716-5616
팩시밀리 _ (031)944-8234~6

ⓒ김남권, 2021
ISBN 979-11-91914-00-9 (03810)

* 지은이와 협의하여 인지는 생략합니다.
* 이 책 내용의 전부 또는 일부를 재사용하려면 반드시 지은이와
  詩와에세이 양측의 동의를 받아야 합니다.
* 책값은 뒤표지에 표시되어 있습니다.
* 이 시집은 평창군, 평창군 문화예술재단의 창작지원금으로 제작되었습니다